FRANÇOIS BERTINET

MODELEUR ET FONDEUR EN MÉDAILLES

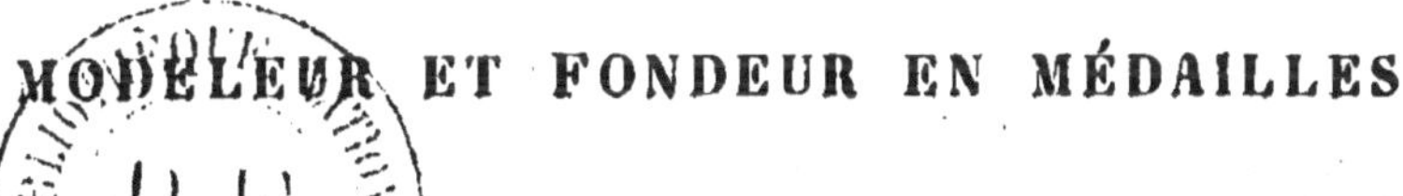

PAR

M. L'ABBÉ PORÉE

CURÉ DE BOURNAINVILLE
CORRESPONDANT DE LA SOCIÉTÉ NATIONALE
DES ANTIQUAIRES DE FRANCE

PARIS

TYPOGRAPHIE DE E. PLON, NOURRIT ET Cⁱᵉ

RUE GARANCIÈRE, 8

—

1891

(26)

FRANÇOIS BERTINET

MODELEUR ET FONDEUR EN MÉDAILLES

PAR

M. L'ABBÉ PORÉE

CURÉ DE BOURNAINVILLE
CORRESPONDANT DE LA SOCIÉTÉ NATIONALE
DES ANTIQUAIRES DE FRANCE

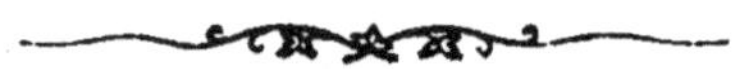

PARIS

TYPOGRAPHIE DE E. PLON, NOURRIT ET Cⁱᵉ
RUE GARANCIÈRE, 8

1891

Ce mémoire a été lu à la réunion des Sociétés des Beaux-Arts des départements, à l'École des Beaux-Arts, dans la séance du 28 mai 1891.

FRANÇOIS BERTINET

MODELEUR ET FONDEUR EN MÉDAILLES

Il existe une dizaine de médaillons exécutés pendant le dernier tiers du dix-septième siècle et signés *Bertinet* ou *Berthinet*. Ils se recommandent à l'attention des amateurs par une fonte très douce, par un faire large et fin tout à la fois, et peuvent, sans désavantage, soutenir la comparaison avec les œuvres de Guillaume Dupré et de Jean Warin. Plusieurs de ces médaillons se trouvent dans nos collections publiques ou ont figuré dans les expositions rétrospectives; d'autres ont fait l'objet de communications dans les revues savantes. Toutes les fois qu'il en a été parlé, on s'est plaint de l'absence de documents relatifs à Bertinet. Les historiens en disent peu de chose : Baldinnucci, de Fontenai, Mariette, Jal, Lalanne, Didot ne mentionnent même pas son nom. Seul, M. de Montaiglon, dans une étude sur les artistes qui ont travaillé pour le surintendant Foucquet[1], est parvenu à soulever le voile qui cachait si obstinément la vie de Bertinet, et c'est dans un roman anonyme du commencement du dix-huitième siècle qu'il a retrouvé les principaux linéaments de l'existence très romanesque, en effet, du médailleur. Ce petit volume, in-12 de 194 pages, est intitulé : *L'heureux chanoine de Rome, nouvelle galante, ou la Résurrection prédestinée*[2]; il est devenu extrêmement rare. J'ai pu con-

[1] *Archives de l'Art français*, 1re série, t. VI, p. 11-13.

[2] *L'heureux chanoine de Rome, nouvelle galante, ou la Résurrection prédestinée, contenant diverses avantures agréables et divertissantes arrivées du tems du ministère de M. Fouquet, sur-intendant des finances. Dédié à Son Altesse roiale Madame la Duchesse de Lorraine.* — A Paris, chez Michel Brunet, dans la Grande Salle du Palais, *Au Mercure galant.* 1707. In-12 de 144 pages, plus 6 pages de table et de privilège, et une longue préface non paginée. L'auteur, « C. M, D. R., Avocat en la Cour », dit qu'il était l'ami très particulier de toute la famille Bertinetti, laquelle était bien établie à Rome. Ce petit volume rarissime porte à la Bibliothèque nationale la cote Y² Inv. 41930.

sulter l'exemplaire de la Bibliothèque nationale, et c'est à l'aide
de cette source d'informations qui paraît absolument sûre, ainsi
que de quelques autres indications, malheureusement bien incom-
plètes, à l'aide aussi des œuvres plastiques de Bertinet, que
j'essayerai de fixer les traits épars de cette étrange physionomie,
et les caractères de ce talent vraiment original.

François Bertinet ou Berthinet, dont le véritable nom était Francesco Bertinetti, est né à Ostie, à six lieues de Rome, d'une famille
bourgeoise honorablement établie. Comme il avait « l'esprit très
éveillé et qu'il chantoit parfaitement bien », ses parents le firent
entrer comme enfant de chœur à la maitrise de Sainte-Marie
Majeure, où il put faire gratuitement ses études.

Bertinetti, dit son biographe [1], « étoit très bien fait de sa per-
« sonne, [avoit] un nez aquilain, les cheveux très noirs et frisez,
« le visage très blanc, quoique Italien, une tête tout à fait romaine,
« et surtout un grand front qui pronostiquoit, dès ce tems-là, un
« grand fond d'esprit [2] ».

Il n'avait pas vingt ans qu'il fut pourvu d'un canonicat dans
l'église de Sainte-Marie Majeure, et soutint avec beaucoup de
succès ses thèses de philosophie et de théologie. La nature l'avait
doué d'un talent extraordinaire pour la musique; il jouait fort
bien du luth, de la guitare et de la basse-viole; de plus, dit encore
son biographe, « il avoit un génie tout particulier pour représenter
« en cire, au naturel, sur de petits morceaux d'ardoise, et pour
« faire des moules avec du plâtre, dans lesquels fondant différents
« métaux, il en tiroit toutes sortes de figures telles qu'il se les
« imaginoit, qui pouvoient passer dès ces commencements pour
« des chefs d'œuvre et de très bons originaux [3] ».

A l'âge de vingt-deux ans (il n'avait pas encore reçu les ordres
sacrés), il s'éprit de la fille d'un célèbre avocat de Rome, nommé
Borromei [4]. Bertinetti abandonna son canonicat, et demanda la

[1] C'est la qualité que nous donnerons à l'avocat C. M. D. R.
[2] *L'heureux chanoine de Rome*, p. 3.
[3] *L'heureux chanoine de Rome*, p. 4.
[4] La femme de l'avocat Borromei avait été victime d'une effroyable aventure,
dont les péripéties ont fourni à l'avocat le titre bizarre de son livre. Cette femme
était tombée en léthargie; on l'avait crue morte, et ses funérailles avaient eu lieu
dans l'église de Sainte-Marie du Peuple. La nuit suivante, le fossoyeur, dans le
but de s'emparer des bijoux de la défunte, rouvrit le cercueil; il commençait à

main d'Antonina Borromei ; mais le père, alléguant la grande jeunesse de sa fille, éconduisit le prétendant. Néanmoins, une intrigue fut nouée, et à quelque temps de là, un rival de Bertinetti, le chevalier Urbini, avec lequel il s'était battu en duel, était assassiné par des sbires qui avaient offert leurs services au terrible amoureux.

Bertinetti dut se cacher pour échapper aux recherches de la justice ; puis, ayant réuni tout l'argent qu'il possédait, deux ou trois cents pistoles, il se déguisa en pèlerin et quitta Rome.

En compagnie d'autres pèlerins, il se rendit d'abord à Lorette, puis à Ancône, à Bologne et enfin à Venise, où l'ambassadeur de France, qui était parent du surintendant Foucquet, frappé de la bonne mine, de l'intelligence et du talent musical du voyageur, ne tarda pas à se l'attacher en qualité de sous-secrétaire.

Bertinetti fut chargé par l'ambassadeur français d'une mission plus ou moins diplomatique près du surintendant. Le jeune Italien plut à Foucquet, qui devinait en lui un caractère souple, un esprit délié et plein de ressources. Aussi le surintendant n'hésita pas à le garder près de lui, et à l'employer comme agent secret dans ses négociations à l'étranger. Il l'envoya à Cologne, peut-être à l'époque où Mazarin vivait retiré à quelques lieues de là, à Bruhl.

A la suite d'aventures romanesques que je n'ai point à raconter ici, Antonina Borromei était venue à Paris à la recherche de Bertinetti, qu'elle savait employé chez Foucquet. Apprenant qu'il était à Cologne, elle alla aussitôt l'y rejoindre, et sans plus tarder, ils se marièrent dans cette ville.

Bertinet, qui avait su gagner la confiance de son maître, devint son premier secrétaire[1]. Ce fut assurément Foucquet qui acheta pour son agent favori, en janvier 1661, « l'office de payeur ancien des 400,000 livres de rentes sur les tailles[2] ». Le *Nouveau Mercure galant* lui donne le titre de « payeur des rentes de l'Hôtel-de-

couper un doigt à la malheureuse victime, quand celle-ci, sous l'étreinte de la souffrance, se réveilla brusquement. Elle revint chez elle et se présenta à son mari. On peut juger de sa stupeur en voyant cette fantastique apparition. La femme de Borromei était alors enceinte ; quelques mois plus tard, elle donnait le jour à une fille, qui fut Antonina.

[1] *L'heureux chanoine de Rome*, Préface.

[2] Archives nationales, P. 2378, p. 9. Nous devons à l'obligeance de M. H. Stein l'indication de ce document.

Ville [1] ». Ces trésoriers-payeurs étaient préposés au payement des rentes constituées sur la ville de Paris; ils faisaient des profits énormes. Pour déguiser ses opérations financières, le surintendant s'efforçait de faire de ses amis et de ses créatures autant de complices, qu'il compromettait et rendait solidaires de ses malversations. Aussi, lorsqu'en 1661, Foucquet fut disgracié et mis en prison, Bertinet ne manqua pas d'être écrasé par la chute de son tout-puissant protecteur. Il avait été son premier secrétaire, confident de toutes ses pensées, agent diplomatique en possession peut-être de secrets gênants. C'en était trop; il fut emprisonné à son tour, non pas à la Bastille, mais à la Conciergerie du Palais. Il devait y demeurer plus de huit ans. Sa femme, qui obtint de partager sa prison, ne l'abandonna jamais durant sa longue détention [2].

Pendant ses loisirs forcés, Bertinet se souvint de son talent pour les arts plastiques. « Son occupation dans sa prison, dit son bio-« graphe, étoit de peindre, de travailler en médailles et en cire [3]. » Sa première œuvre fut inspirée par la reconnaissance envers le surintendant disgracié.

Le Cabinet de France possède un beau médaillon en bronze, du module de 0ᵐ,064 millimètres, représentant Foucquet avec la calotte et la simarre. Comme l'a fort bien remarqué M. de Montaiglon [4], c'est dans sa prison que Bertinet l'a modelé de souvenir, en datant et signant courageusement son œuvre, témoignage d'une fidélité qui l'honore, un an après la condamnation de son maître. On lit en légende sur ce médaillon : NICOL. FOVCQVET. Pᴿ. GNAL. SVRINTENDᵀ. DES. FIN. ET. MINᴿ. D'ESTAT, et en exergue : BERTINET, IDÉE 1664.

Quelques années plus tard, « il fit un petit portrait du Roi pas « plus grand que l'ongle, qui ressembloit si fort que ses amis lui « conseillèrent de le faire présenter par sa femme avec un placet « à Sa Majesté [5] ».

Louis XIV accueillit favorablement le placet ; quant au portrait,

---

[1] *Le Nouveau Mercure galant,* décembre 1677, t. X, in-12, p. 263.
[2] *L'heureux chanoine de Rome,* Préface, et passim.
[3] *L'heureux chanoine de Rome,* p. 45.
[4] *Archives de l'Art français,* 1ʳᵉ série, t. VI, p. 18.
[5] *L'heureux chanoine de Rome,* p. 45.

il fit l'admiration de toute la cour et valut au prisonnier sa liberté, car le Roi s'étant assuré que le seul crime dont Bertinet avait été coupable était d'avoir été le premier secrétaire de Foucquet, et trouvant sans doute que le châtiment n'avait que trop duré, ordonna qu'on fît sortir le jour même le prisonnier de la Conciergerie.

Le lendemain, Bertinet présentait à Louis XIV un médaillon rappelant ses dernières conquêtes, et le Roi fut si charmé de la beauté de ce bronze, qu'il accorda à l'artiste une pension de 3,000 livres, qui fut portée plus tard à 6,000[1].

Cette générosité royale, succédant aux rigueurs de la prison, explique la reconnaissance enthousiaste de Bertinet et les éloges emphatiques dont il accompagnait les portraits de son bienfaiteur couronné. Louis XIV était loin d'être insensible à la flatterie, et son orgueil trouvait son compte à voir le grand talent de Bertinet uniquement consacré à immortaliser sur le bronze ses traits et ses victoires. Aussi, dit son biographe anonyme que nous suivons pas à pas, « étoit-il souvent reçu à la cour et avoit le bonheur, quand « il lui plaisoit, d'approcher la personne du Roi, soit pour pré- « senter ses médailles à Sa Majesté ou pour faire son portrait, à « quoi il réussissoit en perfection. Le cabinet de Monseigneur le « Dauphin est encore actuellement rempli de quantité de beaux « ouvrages de ce rare génie, et il y a peu de curieux dans Rome « et dans Paris, et même par toute l'Europe, qui n'en aient recueilli « avec soin quelque morceau[2]. »

Il est vraiment surprenant que de toutes ces médailles de Bertinet, il en reste si peu aujourd'hui. Et pourtant, il serait difficile

[1] *L'heureux chanoine de Rome*, passim. Je croirais volontiers que le médaillon présenté à Louis XIV par Bertinet, au sortir de la prison, est celui de 1671-1672, sur lequel il a gravé les souhaits suivants :

> Je ne languirois plus ; j'aurois d'autres offices
> Pour rendre au grand Louis mes très humbles services.

Évidemment ces paroles sont antérieures à la pension de 3,000 livres octroyée par le Roi. C'est de cette médaille que le *Nouveau Mercure galant* disait : « On « dit que Berthinet en a fait une de bronze du Roy par cette même force d'ima- « gination, dont Sa Majesté a esté très satisfaite. Beaucoup de personnes de la « première qualité qui ont veu cette médaille, en parlent comme d'une merveille. » (Décembre 1677, t. X, in-12, p. 263.)

[2] *L'heureux chanoine de Rome*, Préface.

de révoquer en doute ce témoignage du biographe. Si Louis XIV payait consciencieusement à Bertinet une pension de 6,000 livres, c'est qu'évidemment cette largesse tenait sa verve artistique en haleine. Au moins, dans cette circonstance, le grand roi eut-il le mérite de faire taire la rancune acharnée avec laquelle il poursuivit pendant si longtemps les créatures et les amis de son ancien surintendant des finances.

Voici la liste des médaillons connus de François Bertinet :

1. Médaillon en bronze représentant le surintendant Foucquet, et qui a été décrit plus haut.

2. Médaillon en bronze, du module de 0^m,18 centimètres[1], fondu en deux parties ressoudées ensemble et creux à l'intérieur. Buste de Louis XIV, en haut relief, cuirassé et couronné de laurier, porté sur un piédouche rond. Autour, on lit les quatre vers suivants disposés en deux lignes concentriques, en caractères cursifs : *Qu' auo'. no'. fait mamain, Quelle metamorphose. Aulieu de peidre Mars no' auo'. peint Louis,* || *Quoy donc, to' nos proiets sont jls euanouis? Non no' Louis et Mars sont vne méme chose.* A l'exergue, sur une sorte de cartouche : BERTINET. EX IDEA- 1671.

Le revers se compose d'un champ entouré de deux cercles concentriques séparés par deux couronnes, l'une d'oves, l'autre de laurier. Dans le champ, fortifications d'une ville baignée par la mer et placée sur un rocher escarpé. Sur ce rocher, une hydre à trois têtes, un lion et une lionne.

Au-dessus, le soleil dardant ses rayons, vers lequel vole un aigle. A gauche, un génie ailé et volant tient une longue banderole agitée par le vent et deux fois repliée sur elle-même. Sur le premier pli on lit : REX VRBS, et sur le second : SOLIV VNVS, VNA, VNVM. Entre les deux cercles et en première légende, en caractères cursifs :

Aigles, Hydres, Lions, ma force fut extréme
Vo' sentiles mes coups, je suis touiours le méme. 1672.

Le premier jambage de la lettre A du mot *aigles* est ornementé d'un petit aigle.

---

[1] Le diamètre de l'exemplaire du Cabinet des Médailles n'est que de 0^m,165.

La deuxième légende, en plus petits caractères :

Si ce petit essay pouuoit plaire a la cour
Et me retrouuer mō bien a la faueur du jour
Je ne languirois plus [1] *; j'aurois dautres offices*
Po' rendre au grād Louis mes tres hūbles services.

Berthinet.

Le Cabinet de France possède ce médaillon sans son revers [2].

3. Médaillon en bronze du module de 0ᵐ,14 centimètres. Buste de Louis XIV, cuirassé, drapé, de profil à droite et porté sur un piédouche. La légende est composée de ces deux vers en caractères cursifs : *Si jay peint en profil l'jnuincible louis C'est q'. de front les yeux en seroient ébloüis.* En bas, à gauche : *Berthinet. 1672.* Le tout est environné d'une couronne [3].

4. Médaillon en bronze. Buste de Louis XIV, de profil à droite, avec la légende : LVDOVICVS MAGNVS FR. ET NA. REX et la signature : BERTINET REGIS PRIVILEGIO 1684. Au revers, l'inscription suivante, gravée en creux, tirée du Psaume 17 : BENEDICTVS DOMINVS DEVS MEVS QVI PRÆCINXIT ME VIRTVTE AD BELLVM 1687 [4].

5. Médaillon en bronze, du module de 0ᵐ,13 centimètres. Buste de Louis XIV, nu, tourné à droite, avec la légende : LVDOVICVS · MAGNVS · REX. Sur la tranche de l'épaule : BERTINET, et au-dessous *cū priuilegio.* Le tout est entouré d'une seconde légende et d'une couronne de feuillage : LVD · MAGNVS · REX · CHRISTIANISSIMVS ·

[1] Il est assez difficile de concilier ces vers, d'après lesquels il semble qu'en 1672 Bertinet « languissoit » encore en prison, avec les huit années de sa détention à la Conciergerie. S'il y entra à la fin de 1661, au moment de la chute de Fouquet, il dut en sortir en 1669 ou 1670. Son arrestation n'aurait-elle eu lieu que postérieurement à celle du surintendant, par exemple en 1663 ou 1664, ce qui aurait reporté sa sortie à 1671 ou 1672? Cela est très possible. Plusieurs personnes gravement compromises dans cette affaire ne furent pas immédiatement arrêtées. De La Bazinière et de Guénégaud, trésoriers de l'épargne, ne furent mis à la Bastille qu'en 1663. (Voir RAVAISSON, *Archives de la Bastille*, t. II, p. 125.)

[2] *Société de numismatique et d'archéologie.* Communication de M. Caron à la séance du 4 janvier 1889.

[3] *Société de numismatique et d'archéologie.* Communication de M. Blanchet à la séance du 6 décembre 1889. Le Cabinet des Médailles, le Musée du Louvre et M. l'abbé Botté, curé de Morgny-la-Pommeraye (Seine-Inférieure), possèdent un exemplaire de ce médaillon.

[4] *Revue de l'Art français,* année 1884, p. 65-66. Cette médaille, dit M. de

HÆRESEOS · EXTIRPATOR · *Bertinet fecit cū Priuilegio* 1686[1].

6. Médaillon en bronze, du module de 0ᵐ,165 millimètres. Buste de Louis XIV, de profil à droite, cuirassé et drapé. Sous l'épaule droite est écrit, en caractères cursifs :

Bertinet. Sculp. cū priuilegio

Le revers porte deux L entrelacées et ornées de palmes, et surmontées d'une couronne fleurdelisée et fermée. Autour du chiffre sont deux branches de laurier ; le tout est abrité sous le pavillon royal[2].

7. Médaillon en bronze, représentant un buste de Louis XIV : signature en écriture cursive : *Bertinet fils cum privilegio Regis*[3].

On a vu que Bertinet était fort habile à modeler en cire, même de souvenir, le portrait des personnes qu'il avait connues. Il n'existe aujourd'hui de lui, que nous sachions du moins, aucune œuvre de ce genre. Cependant le *Nouveau Mercure galant* nous apprend qu'il fit ainsi, après décès, le portrait du docteur Jacques de Sainte-Beuve, mort à Paris le 15 décembre 1677. Voici ce que disait le *Mercure* : « Quoyque M. de Sainte-Beuve n'ait jamais voulu permettre « qu'on fist son portrait pendant sa vie, nous ne laisserons pas de « l'avoir par le talent merveilleux de M. Berthinet, qui a esté « payeur des rentes de l'Hôtel-de-Ville de Paris. Il a l'imagination « si vive, que, sur le souvenir qu'il a gardé de ses traits, il en a « fait la médaille en cire après sa mort, avec l'admiration et « l'étonnement de tous ceux qui l'ont connu[4]. »

A ces œuvres peu nombreuses de Bertinet, il m'est permis d'en ajouter une autre[5] : c'est un petit médaillon en cuivre jaune fondu,

Montaiglon, portait le nᵒ 198 de la collection du comte de Lestang-Parade, d'Aix en Provence, vendue à Paris en mai 1882.

[1] Le Cabinet de France possède un exemplaire de cette médaille.

[2] Ce médaillon appartient à M. de Montaiglon. Voir *Notice historique et analytique des peintures, sculptures, etc., exposées dans les galeries des portraits du Palais du Trocadéro*, par M. Henry Jouin. Paris, 1878, in-8º, nᵒ 132, p. 30-31. — L'exemplaire du Cabinet des Médailles est formé de deux plaques réunies dans un cadre en laiton ; son diamètre n'est que de 0ᵐ,156. Ce médaillon et son revers figuraient à l'Exposition rétrospective de Tours en 1881.

[3] Ce médaillon appartient à M. Giraud. (Voir *Exposition rétrospective de l'Art français au Trocadéro*. Lille, 1889, in-8º, p. 210.) Nous donnons la signature telle qu'elle se trouve dans le Catalogue, mais nous avouons que la lecture ne nous paraît pas correcte. Au lieu du mot *fils*, qui n'a pas de sens, doit se trouver le mot *seul*.

[4] *Le Nouveau Mercure galant*, décembre 1677, t. X, in-12, p. 263.

[5] Ce médaillon, que nous n'avons vu signalé nulle part, appartient à notre obli-

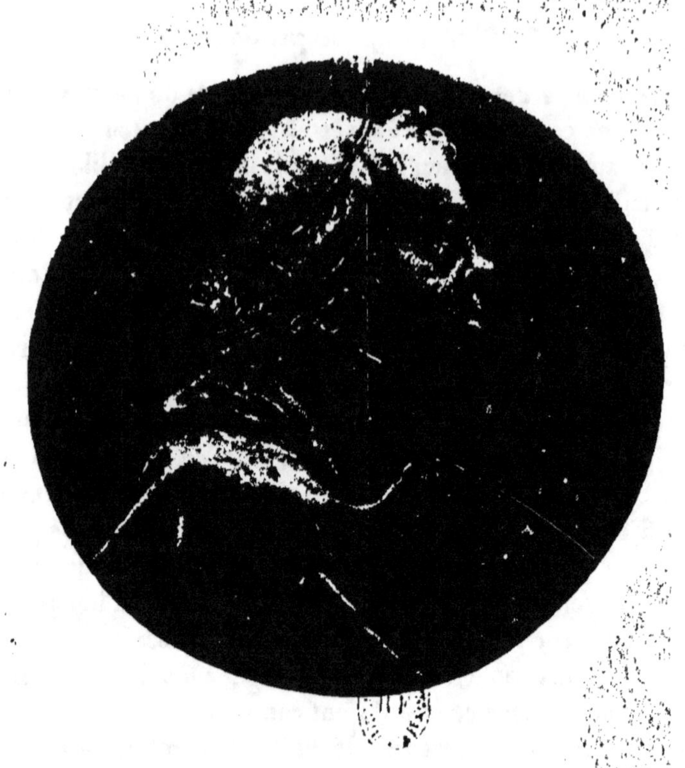

PORTRAIT D'UN ABBÉ COMMENDATAIRE

FRANÇOIS FEYDEAU DE BROU, ABBÉ DE NOTRE-DAME DE BERNAY (?)

Médaillon inédit de BERTINET

ou laiton, sans revers, du module de $0^m,08$ centimètres, représentant un personnage d'une soixantaine d'années, en buste, de profil
à droite. La physionomie a une expression frappante de résolution
et d'énergie. Le front est développé, un peu chauve, l'arcade sour-
cilière très élevée, l'œil bien ouvert et le regard droit, le nez
relevé, la lèvre supérieure longue. Le menton, carré, est ombragé
d'une petite *royale;* les pommettes des joues sont saillantes, et
les cheveux, longs et bouclés, sont en partie cachés sous une ample
calotte. Le costume se compose d'un large rabat de linon et d'une
mosette à capuchon boutonnée par des séries de trois boutons.

Sur la tranche du bras, on lit en caractères cursifs tracés à la
pointe : *Bertinet.*

Je crois que ce portrait est celui d'un abbé commendataire. Au dix-
septième siècle, ces abbés, parfois simples tonsurés, ne portaient jamais la croix pectorale, réservée aux abbés réguliers ; mais, comme ils
étaient prélats et prenaient rang immédiatement après les évêques, ils
portaient la mosette ou camail de soie, vêtement réservé à la prélature.

L'identification de ce prélat présente de plus grandes difficultés.
Malgré toutes mes recherches et celles que les personnes les plus
compétentes ont bien voulu faire au département des Estampes, il a
été impossible, jusqu'ici, de déterminer le nom de ce personnage[1].

Quoi qu'il en soit, cette pièce inédite ne peut qu'ajouter à la
renommée que Bertinet s'est acquise comme médailleur. Il y a
dans le modelé de la tête une extrême finesse, une grande légèreté
de touche et un sentiment rare de la physionomie. Bertinet n'était

geant confrère M. Malbranche, ancien greffier du tribunal de commerce de Bernay, qui a bien voulu nous le communiquer. C'est dans cette même ville qu'il a
été trouvé, il y a une vingtaine d'années. — Voir la planche.

[1] Il est une hypothèse qu'en raison de sa vraisemblance, je ne puis me dispenser
d'émettre. On a vu que Bertinet avait fait, de souvenir, le portrait en cire du docteur
Jacques de Sainte-Beuve, qu'il avait connu. Or, au nombre des amis du docteur se
trouvait un conseiller-clerc au Parlement, François-Henry Feydeau de Brou, dans
la maison duquel eut lieu le fameux duel théologique, à propos de la Grâce, entre
Jacques de Sainte-Beuve et le P. Labbe, Jésuite. Feydeau de Brou était abbé
commendataire de Notre-Dame de Bernay; il vint y mourir, et fut enterré dans
son église abbatiale, le 5 décembre 1666. Le médaillon de Bertinet a précisé-
ment été retrouvé à Bernay, où il était conservé depuis un temps immémorial. Ne
représenterait-il pas les traits de Feydeau de Brou, l'ami de Jacques de Sainte-
Beuve, avec lequel Bertinet avait pu se rencontrer quelquefois? Nous ne croyons pas
qu'il existe de portrait gravé de François Feydeau de Brou, abbé de Bernay; autre-
ment il eût été facile de s'assurer de ce que vaut l'hypothèse que nous proposons.

point monnayeur, et il n'eut jamais à se préoccuper des conditions particulières où se trouve placé le graveur des coins destinés à la frappe, et dont les produits sont rarement exempts d'une certaine sécheresse. Toutes ses médailles sont coulées dans des creux obtenus directement sur les originaux en cire ; c'est dire qu'elles conservent à la fonte l'individualité, la liberté d'accent de l'œuvre modelée. Ses grands médaillons, avec la belle disposition de la tête dans le champ du droit et la composition originale des revers, rappellent les superbes fontes italiennes du seizième siècle.

A une date inconnue, probablement pendant les dernières années du dix-septième siècle, Bertinet quitta la France pour retourner en Italie. Il avait un fils qui fut, paraît-il, un assez mauvais sujet. Louis XIV l'avait doté, encore enfant, d'un bénéfice de 3,000 livres de rente. Mais cet écervelé ne pouvait faire un bénéficier sérieux ; il se mit en tête d'épouser une demoiselle Caron, de Compiègne, et fit part à son père de son intention de laisser là le bénéfice pour rentrer dans la vie séculière.

« Son père, dit le biographe, ne voulant pas le gêner, consentit
« à tout, et comme il avoit dessein d'aller finir ses jours à Rome,
« il mena son fils à Versailles remettre ses bénéfices entre les
« mains du Roi et supplia Sa Majesté d'agréer la retraite de sa
« famille dans son pays natal. Le Roi, dont la bonté est très grande,
« lui dit qu'il voyoit bien des gens qui le persécutoient pour avoir
« des bénéfices, mais qu'il ne s'en étoit pas encore présenté pour
« les lui rendre ; qu'il consentoit à ce que Bertinetti le père lui
« demandoit ; mais qu'ayant égard à ses services, il ne vouloit pas
« le renvoier sans lui assurer du pain. En même tems, Sa Majesté
« ordonna que sa pension qui n'étoit que de six mille livres lui
« seroit dorénavant paiée sur le pied de huit mille, durant sa vie
« et celle de son fils, qu'il leur assigna sur la banque de Venise. »

Bientôt après, Bertinet fils épousait la demoiselle Caron. « Toute
« la famille se trouva à leurs noces, qui furent célébrées
« avec le dernier éclat. Et peu de tems après, Borromei ayant
« obtenu la grâce de son gendre, à cause de l'assassinat du
« chevalier Urbini, ils partirent pour Rome, où ils vivent
« dans une union à servir d'exemple à toute la terre[1]. »

---

[1] *L'heureux chanoine de Rome*, p. 143-144.

Ces mots « où ils vivent » semblent indiquer que Bertinet père vivait encore à Rome en 1706, époque où l'avocat écrivait son roman.

On ignore l'année de la naissance de Francesco Bertinetti ; on ne sait pas davantage celle de sa mort. Une sorte de mystère plane sur cette existence d'artiste qui ressemble fort à un roman, avec ses épisodes à la fois étranges et dramatiques. Mais quelle que soit l'opinion qu'on ait de l'homme, qui fut peut-être un assez triste caractère, chacun s'accordera à reconnaître en lui un artiste de fière allure, procédant des grands médailleurs italiens de la Renaissance, et digne de prendre rang dans l'École non moins illustre des médailleurs français du dix-septième siècle.

Lettres de provision du mois de janvier 1661, conférant à François Berthinet l'office de Conseiller trésorier, receveur général et payeur ancien héréditaire de rentes sur les tailles.

Louis, par la grâce de Dieu Roy de France et de Navarre, à tous présens et à venir, salut. Par nostre Edit du mois d'avril mil six cent cinquante neuf, vériffié où besoin a esté pour les causes et considérations y contenuës, nous aurions entr'autres choses créé et érigé en titre d'office formé quatre nos conseillers trésoriers, receveurs généraux et payeurs héréditaires ancien, alternatif, triennal et quatriennal, et leurs commis y joincts de la deuxième partie de quatre cent mille livres de rente faisant partie de la somme de douze cent mille livres de rente constituées aux Prévost des marchands et Eschevins de la ville de Paris sur les deniers des tailles des mesmes élections, et autres des généralités de nostre Royaume affectées au paiement des rentes de ladite nature, receveurs des consignations et dépositaires des deniers procédans des débets de quittances, greffiers des immatriculles, descharge de quittances, registrement de saisies, arrests et mainlevée d'icelles, commissaires aux rentes saisies réellement et greffiers des feuilles, aux fonctions, exercices, droits, facultés, honneurs, priviléges et exemptions y attribuez par ledit Édit, et voulant en exécution d'iceluy pourvoir audit office de nostre Conseiller Trésorier Receveur général et Payeur ancien, sçavoir faisons, que pour l'entière confiance que nous avons de la personne de François BERTHINET, nostre conseiller receveur et payeur des rentes anciennes des cinq grosses fermes et de ses sens, suffisance, loyauté, prud'homie, expérience et capacité au fait de nos finances, à iceluy.

Pour ces causes et autres à ce nous mouvans avons donné et octroyé, donnons et octroyons par ces présentes le dit office de nostre Conseiller Trésorier Receveur général et Payeur ancien héréditaire, et son commis y joinct de la deuxième partie de quatre cent mil livres de rente constituées au Prévost des marchands et Echevins de nostre Ville de Paris sur les deniers de nos tailles des mesmes élections, et autres des généralités de nostre Royaume, affectées au payement des rentes de ladite nature par nostre dit Édit du mois d'avril dernier, receveur des consignations et dépositaire des deniers procédans des débets de quittances conformément aux déclarations des vingt-trois janvier mil six cent vingt sept, vingt sept février mil six cent quarante huit, et autres Édits et déclarations données en conséquence, sans que le Contrôlleur général des rentes de nostre Chambre des comptes puisse prétendre et avoir connoissance des débets de quittances desdites rentes, ainsy qu'il a esté toujours pratiqué pour toutes les natures de rentes de l'hostel de ville de Paris, greffiers des immatricules, descharges de quittances, registrement de saisies, arrests et mainlevée d'icelles aux droits y attribués, commissaire aux rentes saisies réellement, conformément à nostre Édit du mois de février mil six cent quarante sept, et greffier de feüilles; les dits offices unis à celui dudit Receveur et Payeur général créé par nostredit Édit du mois d'avril dernier, auquel n'a encore esté pourveu, pour l'avoir, tenir et dorénavant exercer, en joüir et user par ledit Berthinet, aux fonctions, exercices, facultés, honneurs, priviléges, gages de trois mil livres par an, deux mil livres des taxations en l'année d'exercice et deux mil livres pour la façon de compte des dites rentes et doubles d'iceux, et entretenement de commis aussy en l'année d'exercices et autres droits, revenus et esmoluments y attribués, conformément audit Édit, tant qu'il nous plaira, à la charge que le dit office demeurera affecté aux débets des comptes des années que ledit Berthinet exercera, et dont il demeurera responsable.

Si donnons en mandement à nos amés et féaux conseillers les Gens tenans nostre Chambre des Comptes à Paris, Prévost des marchands et Echevins de nostre dite Ville, qu'estant apparu à nostre dite Chambre des bonnes vie, mœurs, conversation et religion catholique, apostolique et romaine dudit Berthinet, et de luy pris et reçeu, tant par elle que Prévost des Marchands et Echevins, le serment en tel cas requis et accoustumé, sans qu'il soit tenu donner caution de son maniement, dont nous l'avons relevé et dispensé, suivant et conformément à nostredit Édit, ils le mettent et instituent de par nous en possession dudit office, l'en faisant joüir et user aux honneurs, priviléges, facultés, gages, taxations, façon de compte, droits, revenus et esmoluments susdits pleinement, paisiblement et héréditairement, et à luy obéir et entendre de tous ceux et ainsy qu'il appartiendra ez choses touchant et concernant ledit office, luy permettant de prendre et de retenir par ses mains en l'année de son exercice, les dits gages, taxations et droits, et hors d'exercice les luy fassent payer par ses compagnons d'office doresnavant par chacun an aux termes et en la manière accoutumés, à commencer du jour et datte du contrôlle de la quittance de finance payée par ledit office et rapportent ces présentes ou copies d'icelles deüement collationnées pour une fois seulement avec quittance suffisante, nous voulons que tout ce que pris, retenu ou payé luy aura esté à cette occasion estre passé et alloüé en ces comptes et de ses compagnons d'office par les dits Gens de nos comptes, auxquels mandons ainsy le faire sans difficulté, car tel est nostre plaisir ; et affin que ce soit chose ferme et stable à toujours nous avons fait mettre nostre scel à ces dites présentes. Donné à Paris au mois de janvier, l'an de grâce mil six cent soixante et un et de nostre règne le dix septiesme. Signé sur le reply : Par le Roy Boucher, à côté : Visa, et scellées en lacs de soye rouge et verte du grand sceau de cire verte, et sur ledit reply est écrit : Ledit M. François Berthinet a esté reçeu en l'office de Conseiller du Roy, Trésorier Receveur général et Payeur ancien héréditaire et son commis y joinct de la deuxiesme partie de quatre cent mil livres de rente faisant partie de douze cent mil livres de rente constituée aux Prévost des Marchands et Echevins de la Ville de Paris, sur les deniers des tailles des mesmes élections, et autres des généralités du royaume, affectées au paiement des rentes de ladite nature, par Édit du mois d'avril dernier, Receveur des consignations, dépositaire des deniers procédans dés débets des quittances, greffiers des immatricules, descharges des quittances, registrement des saisies, arrêts et main-levée d'icelles, commissaire aux rentes saisies réellement et greffier des feüilles mentionnées au blanc, et d'iceluy fait et presté le serment en tel cas requis et accoustumé en la Chambre des Comptes, oüy le Procureur Général du Roy, information préalablement faitte sur ses vie, mœurs, conversation et religion catholique, apostolique et romaine, et fidélité au service de Sa Majesté, par l'un des conseillers Maître ordinaire en la dite chambre à ce commis, à la charge d'eslire domicille, de compter de ses maniemens d'année en année, et six mois après chacune d'icelles expirées ; laquelle élection de domicille il a faite en la maison de M. Nicolas Testu, Procureur en la dite Chambre, lequel il a fait et constitué son Procureur le vingt quatrième jour de janvier mil six cent soixante et un. *Signé :* Richer.

Collationné par nous conseiller maître à ce commis. *Signé :* Bojean.

Mémoriaux de la Chambre des comptes, 1661-1662, p. 9. (*Archives nationales*, P. 2378.)

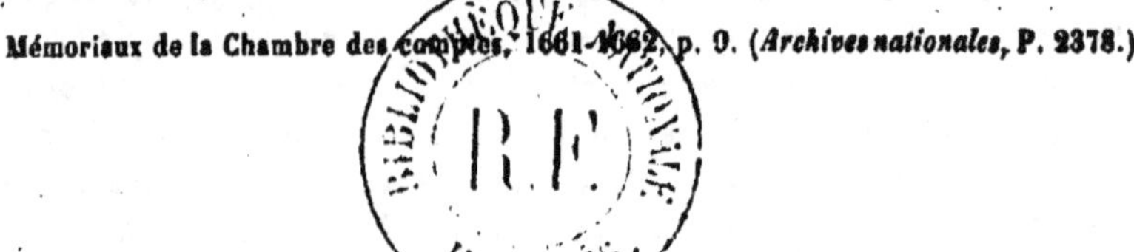